Género Ficción realista

Pregunta esencial

¿Qué nos puede enseñar nuestra conexión con el mundo?

Vuelo a casa

Marie Langley ilustrado por Victor Kennedy

Capítulo 1

Siempre dije que lo haríamos

Había un raro sentimiento arremolinándose en el estómago de Tane. En lo alto del cielo azul, sobre Samoa, el avión se ladeaba bruscamente mientras giraba hacia el aeropuerto. Aunque esa no era la única razón por la que Tane se sentía extraño.

Desde que podía recordar, su padre les había prometido que irían juntos a Samoa y ahora ya casi estaban allá. Su padre, Sione, su madre, Ruth, su hermana, Marama, y él estaban viajando juntos a la isla de Tutuila en Samoa estadounidense, porque allí había nacido Sione y era donde aún vivían los abuelos de Tane y la mayoría de la familia.

Tane había escuchado mucho acerca de Tutuila, pero en cuanto a ir allí realmente... este sería su primer viaje. Esa era la razón principal del revuelto de nervios y entusiasmo que tenía.

Parecía como si Tane hubiera pasado toda su vida escuchando las historias de su papá sobre la vida en Tutuila.

—Tal vez no lo crean ahora, pero en la secundaria yo era un jugador de fútbol muy bueno —decía con frecuencia Sione a sus hijos—. Así me gané la beca para ir a Estados Unidos y, afortunadamente, también tuve la oportunidad de estudiar. Cuando me lastimé y no pude seguir jugando fútbol, terminé mi carrera de negocios y eso me ayudó a conseguir un buen empleo.

Y la historia continuaba con Sione describiendo cómo conoció a Ruth, una chica típicamente estadounidense y cómo pronto se casaron. Después, la familia empezó a crecer con el nacimiento de Marama. Pronto llegó Tane y durante todos esos años, Sione trabajó muy duro y nunca tuvo tiempo ni dinero suficiente para volver a Samoa, pero él continuaba soñando y hablando de presentarle su tierra natal a su familia. Ahora estaba a cargo de su exitoso negocio y el viaje soñado finalmente se había hecho realidad.

—¡Solo esperen, chicos! —decía siempre Sione y lo seguía diciendo aún durante el vuelo—. Esperen a ver la isla y a descubrir lo que podrían haber tenido si hubieran nacido en Samoa como yo. ¡Solo esperen y verán!

Tane había esperado y esperado. Ahora, mientras el avión aterrizaba en la pista del aeropuerto de Pago Pago, sabía que finalmente vería la isla por sí mismo.

Mientras entraban al terminal del aeropuerto, Marama codeó a Tane y señaló.

—Mira quién está aquí —dijo ella.

Tío Manu y tía Tiresa corrían hacia ellos, saludando con la mano y llamándolos mientras se abrían paso entre la multitud.

—¡*Talofa*! —la voz del tío Manu sonó atronadora a través de la zona de llegada—. Bienvenido a casa, hermano, finalmente regresas a Tutuila. ¡Bienvenidos, todos!

Tane sintió como si le exprimieran cada gota de aire de su cuerpo por el gran abrazo del robusto tío Manu.

El padre de Tane y el tío Manu se parecían mucho. Tane había conocido al tío Manu y a la tía Tiresa, cuando ambos fueron de vacaciones a California dos años atrás y su visita había hecho que Sione estuviera más decidido a hacer realidad este viaje.

La tía Tiresa también abrazó a Tane y luego lo sostuvo con el brazo extendido y exclamó:

—¡Solo mira cómo has crecido! ¡Tan alto y tan guapo! ¡Es maravilloso verte, Tane! Y a todos: Sione, Ruth, Marama... Ella abrazó a cada uno.

—Rentamos un auto para ustedes, así que pueden conducir al pueblo siempre que quieran —explicaba el tío Manu mientras llevaba el carrito de equipaje hacia el estacionamiento.

—Vamos a ir al pueblo el fin de semana cuando salgamos del trabajo —agregó la tía Tiresa—. El resto de la familia los espera pronto, pero nosotros teníamos que darles la bienvenida tan pronto llegaran.

El viaje desde el aeropuerto los condujo a través de Pago Pago. Tane y Marama señalaban por la ventana, haciendo comentarios muy entusiasmados sobre todo lo que veían. Sione sacudía la cabeza.

—Se parece mucho más a Estados Unidos ahora —dijo—. ¡Mira todos esos sitios de comida rápida! ¡Y todos estos autos y camiones! Espero que el pueblo no haya cambiado tanto. Supongo que tendremos que esperar y ver.

Capítulo 2

Un tiempo en la isla

¡El recibimiento en el pueblo natal de Sione fue descomunal! Era como estar en medio de fuegos artificiales y Tane se sentía abrumado por la explosión de rostros y sonidos que le llegaban de todos lados.

Toda esta inmensa multitud de personas conocía su nombre y lo empujaban aquí y allá para recibir un apretón de manos, una palmada en la espalda o abrazos por todo el cuerpo. Él no podía seguir el ritmo de tanta presentación. Escuchaba solamente: tía esto, primo aquello, hermano o hermana o amigo de tal.

De repente, sintió un brazo alrededor de sus hombros mientras Sione lo empujaba cariñosamente hacia una pareja de ancianos y Tane supo quienes debían ser, incluso antes de escuchar:

—Saluda a tus abuelos, hijo.

Y entonces fue como si todas las palabras se hubieran agotado, o si simplemente Tane ya no las escuchara más. Miró los rostros frente a él: eran los padres de su papá, él había escuchado tanto de ellos y ahora los estaba conociendo en persona. Todo parecía como un sueño.

—Qué bueno verlos, abuelito y abuelita —dijo Tane obligándose a hablar.

—También nos encanta verte, Tane —dijo la abuelita sonriendo y acercándolo hacia ella—. Te pareces mucho a Sione cuando tenía tu edad.

El abuelito asintió con la cabeza y estrechó la mano de Tane sin decir nada porque parecía completamente emocionado, tanto como lo estaba Tane.

Cuando se calmó el entusiasmo inicial, Tane comenzó a entender quién era quién. Así conoció a las dos hermanas de su papá y a su otro hermano, además de todos sus hijos. ¡Nuevas tías y un tío para él y Marama y toda una partida de primos hermanos! Había otros adultos y muchos otros niños también, de todas las edades, la mayor parte de ellos relacionados entre sí.

Tane jaló a Marama hacia un lado y señaló:

—¿Ya viste a esas dos niñas? Se parecen mucho a ti —le dijo.

—¿Y qué tal ese primo de allá? —respondió Marama—. ¡Incluso se ríe como tú! Es formidable, ¿cierto? De repente aquí estamos, parte de esta familia realmente grande. Vamos, hagámonos amigos de nuestra gente.

Marama arrastró a Tane para ir a conocer algunos primos de su edad.

Tane estaba un poco tímido al principio y dejó que Marama hablara, pero no pudo evitar involucrarse en la conversación cuando los primos empezaron a preguntar todo sobre Estados Unidos, un lugar que ellos conocían principalmente por televisión.

Descubrieron que la mayoría de los habitantes del pueblo vivían en construcciones tradicionales de estilo *fale*. Después de que ya habían saludado a todos, Sione llevó a Ruth, Marama y Tane a mostrarles la casa de sus padres.

Detective del lenguaje	Busca tres preposiciones en esta página.

El *fale* era de forma ovalada y podían ver directamente en su interior, incluso a través de él. Tenía un techo de hojas de palma que descansaba sobre altos postes de madera y su piso elevado era de madera y estaba cubierto con tapetes tejidos.

—Pero, ¿dónde están las paredes? —preguntó Tane confundido.

—Allí —le dijo Sione mientras reía, señalando otros tapetes que estaban enrollados y amarrados, ubicados justo debajo de la línea del techo—. Si quieres más abrigo o privacidad, los puedes desenrollar, pero en general están enrollados. Así es más fresco.

—¿Dónde está el dormitorio? —preguntó Marama.

Sione le señaló una pila de tapetes enrollados para dormir.

—Ah —dijo Marama.

—¿Y la cocina? —inquirió Ruth.

—Hay una *umukuka,* una cocina comunal, en la parte de atrás del pueblo —explicó Sione—. Todos cocinan allí.

—Así que... no hay electricidad en el *fale*, ¿eh? —preguntó Marama.

—Ahora algunas personas viven en casas de tipo occidental. Pasamos frente a algunas cuando veníamos para el pueblo —dijo Sione.

El nerviosismo de Tane estaba regresando. Se acercó a Sione y le dijo suavemente:

—¿Vamos a dormir en un *fale*, papá?

—¿Por qué? ¿Te gustaría? —respondió Sione mirando a su hijo.

—Pues, yo... yo no estoy seguro —murmuró Tane.

Ruth los escuchó.

—Tampoco estoy segura —dijo ella—. Es muy abierto. No hay mucha privacidad.

Sione se rio.

—¡Bien, no se compara con nuestra casa en California! Se lo dije, ¿no? Esperen a ver lo diferente que es la vida en la isla.

—Yo me podría acostumbrar —dijo Marama—. Sería como acampar.

—Estoy seguro de que todos se acostumbrarían —dijo Sione—. Solo es diferente, eso es todo. Pero, por esta noche, reservé cuartos para nosotros en el hotel de la bahía cercana para que podamos recuperar sueño después de nuestro largo viaje. Después decidimos si nos quedamos en el pueblo a partir de mañana.

Sus cuartos en el hotel eran excelentes, pero Tane en realidad no se pudo relajar. ¿De verdad tendrían que quedarse en un *fale* del pueblo la siguiente noche? ¿Cómo sería vivir en una casa sin paredes en este paisaje nuevo y rodeado de personas que apenas conocía?

Capítulo 3

Aún más cerca

A pesar de que su cuarto en el hotel era cómodo y tranquilo, Tane no durmió muy bien. Ya estaba despierto cuando Sione le dijo que era tiempo de alistarse para el desayuno.

—Pronto volveremos al pueblo —dijo Sione—. Quiero que pasemos con nuestra familia todo el tiempo que podamos.

Cuando llegaron al pueblo, Marama saltó fuera del auto y con entusiasmo corrió a reunirse con algunos de los primos con los que había hablado el día anterior. Sione y Ruth también salieron, pero Tane no se movió.

—No me siento muy bien —dijo—. Me quedaré aquí un momento.

Ruth lo miró preocupada: —¿Estás seguro de que estás bien? —le preguntó—. <u>¿Quieres que me siente contigo?</u>

—Estará bien —dijo Sione—. El chico solo necesita algo de tiempo. Vamos. La familia nos está esperando.

Ruth se volteó para decirle adiós con la mano mientras ella y Sione caminaban hacia el *fale* más cercano, pero Tane estaba mirando en la otra dirección, hacia la playa porque sintió que iba a ponerse a llorar, pero estaba decidido a contener las lágrimas. ¿Por qué todo esto era tan difícil?

Justo en ese momento, la puerta del auto se abrió y Tane volteó y vio a su abuelita subiendo al auto para sentarse a su lado en el asiento trasero.

Detective del lenguaje — **En la oración subrayada, ¿cuál es la función de los signos de interrogación?**

La abuelita echó un vistazo adentro del auto, moviendo la cabeza en un gesto de aprobación.

—¡Qué bonito! —dijo—. ¿Es por eso que no quieres salir?

Tane sacudió su cabeza y sonrió un poco.

La abuelita estiró el brazo, tomó la mano de Tane y la apretó suavemente.

—No te puedes quedar en el auto para siempre, hijo —le dijo—. Y te diré por qué. Has venido demasiado lejos y ha tomado mucho tiempo traerte hasta aquí. Ahora la familia necesita conocerte mejor y queremos que te sientas bienvenido aquí porque tenemos una conexión especial. Somos familia y este lugar también es tu hogar.

Tane tragó saliva. Ahora realmente *sí* quería llorar.

—Además —la abuelita estaba sonriendo otra vez—, ¡te vas a cocinar como un atún enlatado si te quedas todo el día en este auto hirviente!

Tane rio y miró a su abuelita. Había tanto interés y preocupación en su rostro sonriente y en ese momento era todo para él. La mala sensación en su interior estaba desapareciendo.

Marama corría de vuelta hacia el auto tan rápido como se lo permitían sus piernas.

—¡Vamos, hermanito! —lo llamó—. Los primos nos están esperando abajo en la laguna, ¡apúrate!

—¡Adelante! —sonrió la abuelita dándole a Tane un empujoncito.

Y él salió, corriendo tras Marama, hacia la playa donde los primos estaban jugando y salpicando en las aguas cristalinas de la laguna. De repente, Tane se sintió mucho mejor. La luz del sol bailaba en el agua centelleante y mientras se sumergía, sintió que el agua tibia lo abrazaba y lavaba todas sus preocupaciones.

Después de nadar, Tane y Marama echaron una mano en el jardín del pueblo. Luego, ayudaron a levantar una red llena de brillantes pescados plateados. Más tarde, saborearon el pescado en una deliciosa comida cocida en un *umu*. Esa noche, Tane se dio cuenta de que se quedarían en el pueblo y dormirían en el *fale*. Él nunca había compartido un cuarto con tanta gente antes. Sin embargo, su tapete de dormir se sentía sorprendentemente cómodo. Una ligera brisa elevaba y dejaba caer con delicadeza las paredes tejidas. A lo lejos, las olas rompían contra el acantilado más allá de la laguna. Con la regularidad del ritmo del tambor, parecían enviar un mensaje. "¿Qué sería?", se preguntó Tane perezosamente antes de que el sueño lo venciera.

Durmió con tanta profundidad que al brillo del sol y a los gallos les costó trabajo despertarlo finalmente a la mañana siguiente.

Los días que siguieron fluyeron entre sí, cada uno con un nuevo descubrimiento y un montón de risas. Más tarde en casa, Tane solo pudo separarlos mirando de nuevo las fotos y los videos que habían tomado cada día.

Para entonces, podía nombrar a todos los primos en las fotografías. Una foto lo mostraba a él con sus mejores amigos, Sefa y Malaki, jugando balón en el *malae*, un enorme terreno cubierto de césped ubicado a la entrada del pueblo. En otra foto, las primas Pika, Lanuola y Sina le estaban enseñando a Marama a bailar el *siva*, y había una de Marama enseñándoles pasos de *break dance* a cambio.

También había fotos de los adultos. La abuela, la tía Tiresa y su mamá mostraban orgullosamente los magníficos tapetes que habían tejido juntas. Tane vio un video de su papá y el tío Manu apostando carreras de canoas en la laguna, ambos dando vuelta a sus botes y rugiendo entre carcajadas mientras se acusaban mutuamente de hacer trampa.

¡Igual que cuando éramos niños; siempre has sido un mal perdedor! —se decían entre sí.

Un día, visitaron Pago Pago para hacer compras, ver el mercado y otros sitios turísticos. Era increíble pasar el tiempo con la familia en el pueblo.

Muchas veces, Tane había visto a Sione sentado con su padre y otros ancianos del pueblo en el *fale tele*, o casa de consejo, concentrados en una discusión. Cuando llegó el momento de decir adiós, entendió por qué hablaban tan animadamente.

El *malae* de nuevo estaba lleno de familiares y amigos reunidos para compartir la comida final.

Entonces Sione comenzó a hablar:

—Quiero que todos sepan cuán importante ha sido regresar finalmente a mi pueblo natal y traer a mi esposa e hijos para darles la oportunidad de conocerlos a todos ustedes —dijo tosiendo y mirando a su alrededor—. He estado pensando en una forma de mostrar mi agradecimiento. Quería construir una casa al estilo occidental con todas las comodidades para mis padres, pero ellos se han negado.

—Nos gusta más nuestro viejo *fale* —exclamó la abuela y todos estallaron en risas.

Sione levantó su mano pidiendo silencio.

—Así que hablé con los ancianos y decidimos otra cosa. En su lugar, mi negocio pagará la construcción e instalación de una planta de desalinización para el pueblo. Así, se convertirá el agua salada en agua dulce y al pueblo nunca le faltará el agua para beber y los jardines siempre estarán florecidos.

Cuando Tane escuchó esto y el aplauso que siguió, supo que la conexión con la familia de Tutuila era más fuerte que nunca. ¡Ya estaba esperando con muchas ganas su próxima visita!

Resumir

Usa los detalles más importantes de *Vuelo a casa* para resumir el cuento. Puedes usar el organizador gráfico como ayuda.

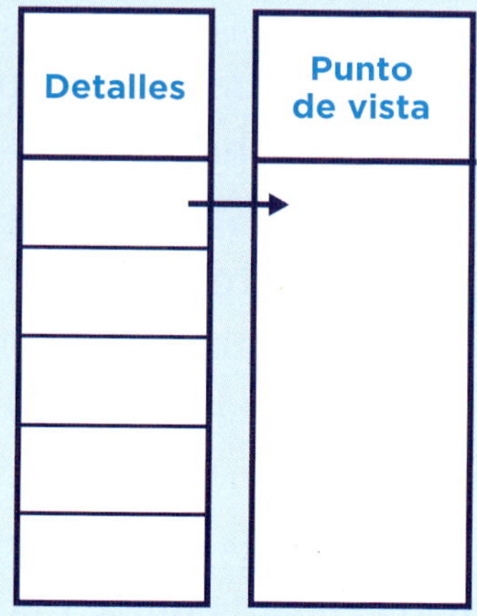

Evidencia en el texto

1. ¿Cómo sabes que *Vuelo a casa* es un texto de ficción realista? Identifica tres características del cuento que te permitan determinarlo. **GÉNERO**

2. Este cuento, ¿está narrado en primera o en tercera persona? Usa detalles del texto para describir el punto de vista de la autora. **PUNTO DE VISTA**

3. En la página 13 la autora escribe "La luz del sol bailaba en el agua centelleante". ¿Qué significa? ¿Cómo enriquece el cuento? **PERSONIFICACIÓN**

4. Escribe cómo la descripción del *fale*, en las páginas 9 y 10, cambiaría si hubiera sido narrada por Tane en primera persona. Incluye detalles del cuento en tu respuesta. **ESCRIBIR SOBRE LA LECTURA**

Género Poesía

Compara los textos

Lee este poema sobre las conexiones que podemos tener con el mundo.

El mundo que nos rodea

Ernesto Suárez (poeta cubano)

Cuando en la playa estés
andando sobre la arena,
nunca olvides que jamás
estamos solos en ella.

Siempre vamos juntos
con el mundo que nos rodea:
en el agua, pececitos
y en la orilla, palmeras.

Hay estrellitas de mar
que salen a pasear
y allá arriba la Luna
también tiene sus estrellas.

Illustration: Diego Fernando Agudelo

Este es el mundo nuestro,
así es la naturaleza.
Debes cuidarles y amarles
y nunca deberás dañarles.

Illustration: Diego Fernando Agudelo

Haz conexiones

¿Cómo te enseña este poema a conectarte con el mundo de la naturaleza? **PREGUNTA ESENCIAL**

¿Cuál es el mensaje de *Vuelo a casa* y "El mundo que nos rodea"? **EL TEXTO Y OTROS TEXTOS**

Enfoque: Elementos literarios

Imaginería Los poetas y otros escritores usan la imaginería para dar a los lectores un sentido más claro de lo que leen. La imaginería puede incluir el uso de metáforas o símiles, o puede, simplemente, hacer uso de descripciones vívidas. A menudo, la imaginería usa los cinco sentidos (tacto, vista, oído, olfato y gusto).

Lee y descubre En el poema "El mundo que nos rodea", los primeros dos versos (pág. 17) nos permiten comprender lo que el poeta expresa porque describen una imagen muy clara de alguien que camina por la playa, siente la arena y ve el agua y las palmeras.

Tu turno

Cierra tus ojos y piensa en una persona o en una escena de tu niñez. Podría ser una reunión familiar, la espera de un suceso especial o la visita a un lugar que no conocías. Recuérdalo con todos tus sentidos. ¿Puedes ver, oír, oler, tocar y sentir?

Ahora escribe algunas palabras u oraciones sobre lo que viste, oíste, oliste, probaste y tocaste. Usa estas notas para escribir un poema o hacer un dibujo de la persona o escena que imaginaste.